AF297984

UNE PAGE D'HISTOIRE

ou

CE QU'ONT FAIT LES 363

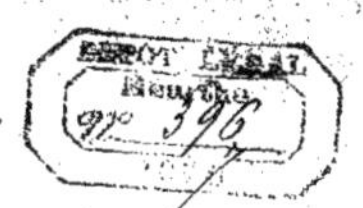
DÉPÔT LÉGAL
92 596
BIBLIOTHÈQUE NATIONALE R.F. PARIS

Un journal de province, l'*Electeur de Dax*, a eu l'ingénieuse idée de publier le tableau suivant. Il permettra à nos lecteurs de juger ce que vaut l'affirmation de M. Grévy, osant déclarer du haut de son fauteuil que *cette Chambre avait bien mérité de la patrie.*

Année 1876.

MARS

Le 8 mars. — M. Raspail, doyen d'âge, ouvre la session.

Les 9, 10 et 11. — Commencement de la vérification des pouvoirs.

Le 14. — M. Léon Say, ministre des finances, dépose le budget général de 1877 (*Nous prions le lecteur de se souvenir de cette date*). — Première demande d'amnistie. Commencement des invalidations.

Du 15 au 20. — Rapports sur les élections.

Le 20. — Invalidation Malartre.

Le 21. — Les républicains votent l'enquête pour l'élection du comte d'Aiguesvives, malgré le bureau, qui conclut à la validation.

Le 22. — M. Waddington propose de modifier la loi sur l'enseignement supérieur. — Crise.

Le 23. — Projets d'amnistie déposés à la Chambre par MM. Raspail, Périn, Barodet, Maigne, Boysset, Tirard et Rouvier.

Le 24. — Enquête sur l'élection de M. de Mun et sur l'élection de M. Tron.

Le 25. — Invalidation de M. Aymé de la Chevrelière. — MM. Lockroy, Barodet, etc., demandent la suppression du budget des cultes.

Le 26. — Suite des invalidations.

Le 27. — Invalidation de M. Haentjens.

Le 28. — Invalidation de M. Gavini.

Le 31. — Invalidation de M. de la Rochejacquelein.

M. Léon Renault s'écrie : « Il y a un intérêt d'ordre public à ne pas multiplier les invalidations. » Les républicains n'en continuent que de plus belle.

AVRIL.

Le 1er. — Invalidation du duc de Feltre. — M. Grévy reproche à la Chambre de ne rien faire; alors elle invalide M. de Cardeneau.

Le 4. — MM. Barodet, Durand, Ordinaire demandent le rétablissement de la mairie centrale de Lyon, c'est-à-dire la Commune révolutionnaire.

Le 5. — Invalidation de M. de Miramon. — Invalidation de M. Peyrusse.

Le 6. — Invalidation de M. Cunéo d'Ornano.

Le 7. — Invalidation de M. de Boisne.

Le 8. — Invalidation de M. Chesnelong. — Invalidation de M. Fairé.

Le 10. — Invalidation de M. Rouher.

Le 11. — Invalidation de M. Veillet. — Les républicains, fatigués d'invalider, se votent un congé d'un mois.

MAI

Le 10. — Ajournement de l'amnistie.

Le 15. — Nouvel ajournement de l'amnistie.

Le 16. — La discussion de l'amnistie commence.

Le 17. — Discours de M. Clémenceau en faveur de l'amnistie.

Le 18. — Discours de M. Périn en faveur de l'amnistie. — Discours de M. Raspail en faveur de l'amnistie. — Discours de M. Lockroy en faveur de l'amnistie.

Le 19. — Discours de M. Naquet en faveur de l'amnistie. — M. Dufaure est obligé de poser la question de confiance. L'amnistie est repoussée, mais elle reparaît bientôt sous une autre forme.

Le 20. — Enquête sur l'élection de M. du Demaine.

La Chambre, fatiguée, se vote six jours de vacances.

Le 26. — Proposition Gatineau, encore pour l'amnistie.

Le 29. — Invalidation de M. le prince de Lucinge. Les républicains se revotent quatre jours de vacances.

JUIN

Le 1er. — Modification de la loi sur l'enseignement supérieur. — La discussion commence.

Le 2. — M. Spuller, rapporteur, déclare que contre les catholiques il faut aller *lentement*, mais *sûrement*.

Le 8. — Les républicains votent la loi.

Le 9. — MM. Naquet et Talandier attaquent la magistrature.

Le 10. — La Chambre discute son règlement.

Le 12. — Interpellation Laisant. — Provocation à l'indiscipline dans l'armée.

Le 16. — L'élection de M. Bartholi, républicain, est validée, malgré des griefs sérieux.

Le 17. — L'élection de M. Karré-Kérisouët, républicain, est validée, malgré d'aussi nombreux griefs.

Le 20. — M. Schœlcher demande l'abolition de la peine de mort.

Le 23. — Un député de la *droite*, pour alléger les charges qui pèsent sur les petits consommateurs, *propose de diminuer les droits qui grèvent les vins.* — Les républicains s'y opposent.

Le 25. — M. Naquet demande le divorce.

Le 26. — Validation des républicains Loustalot et Maille, malgré de nombreux griefs.

Le 29. — La droite demande pour la seconde fois la mise à l'ordre du jour de la loi municipale. Les républicains s'y refusent.

JUILLET.

Le 7. — Invalidation de M. Peyrusse pour la deuxième fois. Le ministre républicain, M. de Marcère, vient atténuer la culpabilité des complices de la Commune.

Les 11 et 12. — Discussion de la loi municipale. Les républicains, qui avaient promis aux conseils municipaux le droit de nommer leurs maires, votent une loi qui enlève ce droit aux conseils municipaux dans les chefs-lieux de département, d'arrondissement et de canton.

Le 13 — Invalidation du comte de Mun.

Le 14. — Le ministre des finances demande qu'on discute *le budget qui avait été déposé le 14 mars, c'est-à-dire quatre mois auparavant.* — Les républicains retardent encore.

Le 17. — La Chambre demande à se proroger.

Le 22. — M. Raspail fils demande la mise en accusation des militaires. Il s'écrie : *Des officiers ont déshonoré le drapeau national.* Crise. — Conflit avec le Sénat.

Invalidation de M. Tron.

La discussion du budget est encore renvoyée.

Le 23. — Crise.

Le 24. — Les républicains se votent des médailles.

Le 25. — Les républicains se votent trois jours de vacances.

Le 27. — Enfin la discussion générale du budget commence ; elle dure *une demi-heure.*

Le 28. — Grand tumulte à la Chambre.

Le 29. — M. Talandier demande la suppression des appointements des professeurs de théologie.

AOUT.

Le 1er. — Rapport de M. Langlois sur le budget de la guerre.

Le 2. — La commission républicaine demande pour l'armée de Paris, la suppression de l'indemnité de logement ; pour l'armée d'Afrique, la suppression de l'entrée en campagne ; pour les malades militaires, une réduction de secours ; pour les invalides, la fermeture de leur hôtel ; pour l'état-major, la suppression des crédits.

Le 4. — Toujours l'amnistie. Demande de mise à l'ordre du jour de la proposition Gatineau.

Le 5. — Les républicains retranchent 14 millions sur les vivres destinés aux soldats. — Ils suppriment le budget des aumôniers militaires.

Le 10. — M. Madier de Montjau dit que les officiers sont des *voleurs.* — M. Raspail dit qu'ils sont des *assassins.*

Le 12. — Les républicains, fatigués, se votent des vacances. — Le budget n'est pas encore voté en entier.

SEPTEMBRE

La Chambre est en vacances.

OCTOBRE

La Chambre est toujours en vacances.

Le 30. — Rentrée de la Chambre. — La séance dure quelques minutes. — Les républicains se revotent des vacances jusqu'au 3 novembre.

NOVEMBRE

Le 3. — Au lieu de s'occuper du budget, les républicains recommencent à s'occuper de l'amnistie.

Le 4. — La proposition Gatineau, autrement dite *l'amnistie déguisée,* est votée par 311 voix.

Le 6. — Les républicains réduisent le crédit relatif aux aumôniers de la marine.

Le 10. — M. Dufaure est menacé. — Crise.

Le 13. — Les républicains votent le commencement de la désorganisation de l'administration, en suppri-

mant
et de
Le
Le
est in
clama
Le
pre a
rieur
ce vo
Le
défen
Le
mand
Les
tholiq

Le
Le mi
peut a
Le
Marcè
traîn
missio
Le
Le
Le
Le
l'Asse
budge
point
Il y a
Les
veau
Le
Le
Le
Le
le Bu
mois
augm
francs
Le
sort d
Le
Le
Le
Le
Le
Le

mant les crédits affectés aux sous-préfectures de Sceaux et de Saint-Denis.

Le 16. — Invalidation de M. du Demaine.

Le 18. — M. Dufaure veut défendre la justice, il est interrompu à chaque instant par les rires, les exclamations et les ricanements des républicains.

Le 20. — La commission du budget raye de sa propre autorité un traité signé entre le ministre de l'intérieur et M. Dalloz. Les tribunaux sont obligés de casser ce vote en condamnant l'Etat.

Le 21. — Honneurs militaires. — M. Floquet vient défendre les enterrements civils.

Le 23. — Le républicain Bernard Lavergne demande la séparation de l'Eglise et de l'Etat,

Les 24 et 25. — Les républicains insultent les catholiques.

DÉCEMBRE

Le 2. — Incident relatif aux honneurs funèbres. — Le ministre républicain M. de Marcère commet ce qu'on peut appeler *un abus de confiance politique.*

Le 3. — M. Decazes, dit en s'adressant à M. de Marcère : « *Je n'avais donné à personne le droit de me traîner dans la boue.* » — Le ministère donne sa démission. — Crise.

Le 4. — Crise.

Le 5. — Crise.

Le 6. — Crise.

Le 7. — M. Léon Say, ministre des finances, supplie l'Assemblée de ne pas *retarder davantage le vote du budget.* « Rien, dit-il, ne serait plus malheureux au point de vue financier et au point de vue politique. — Il y aurait là une sorte *d'aveu d'impuissance.* »

Les républicains, n'écoutant rien, demandent un nouveau renvoi. — Grand tumulte.

Le 8. — Crise.

Le 9. — Crise.

Le 13. — Ministère Jules Simon.

Le 14. — Enfin les républicains consentent à voter *le Budget des recettes.* qu'ils avaient mis plus de *huit mois* à étudier, et ils trouvent le moyen de voter *une augmentation* sur le budget primitif de 165,742,000 francs.

Le 22. — Une proposition tendant à améliorer le sort des sous-officiers est rejetée.

Le 23. — Le Sénat rétablit les crédits supprimés.

Le 25. — Conflit.

Le 26. — Crise.

Le 27. — Crise.

Le 28. — Crise.

Le 30. — Fin de la session.

Année 1877.

JANVIER

Le 9. — Ouverture de la session.

Le 11. — M. Léon Say dépose le nouveau budget, qui devait traîner en longueur comme le précédent.

Le 12. — Incident Bailleul. Grande scène de tumulte. Le ministre républicain Martel, oubliant tout respect dû à la magistrature, blâme un arrêt de la Cour. — Un autre républicain, M. Viette, s'écrie : « *Les magistrats* qui parlent d'opportunité politique sont des *coquins.* »

Le 13. — L'Assemblée se vote des vacances.

Le 16. — L'Assemblée recommence ses séances, mais les républicains, fatigués, se revotent des vacances.

FÉVRIER

Le 1er. — Les républicains recommencent leurs interpellations. M. Jules Simon lui-même est obligé de faire cet aveu : « Avec les interpellations qu'on m'adresse tous les jours, il me devient impossible de vaquer à l'administration du pays. »

Le 3. — Le républicain Ordinaire prolonge et aggrave, par sa déclaration, la crise que subit le commerce à Lyon.

Le 5. — Après avoir aboli les décrets de 1852, les républicains, oublieux de toutes leurs promesses, rétablissent les lois draconiennes de 1849 sur la presse.

Le 6. — M. Raspail dépose une proposition outrageante *sur le mariage des prêtres.*

Le 17. — La gauche veut empêcher l'Assemblée d'assister aux obsèques du général Changarnier. — Un républicain, M. de Lacretelle, dit que *la Chambre manque trop souvent à son mandat.*

Le 23. — Demande en autorisation de poursuites contre M. Paul de Cassagnac.

MARS

Le 1er. — Les commissions républicaines ne font rien. Plusieurs membres de la droite demandent à pouvoir interpeller les commissions sur ces retards systématiques.

Le 3. — La Chambre adopte le projet Beaussire, qui est une violation flagrante de la Constitution.

Le 5. — Les députés arrivent à peine à pouvoir faire durer les séances jusqu'à quatre heures.

Le 12. — Commencement de la fameuse discussion des chemins de fer. (Le procès Ordinaire nous a appris quels intérêts s'agitaient derrière ces questions.)

Le 16. — Les républicains votent des poursuites contre M. Paul de Cassagnac.

Le 19. — M. Richard Waddington, rapporteur de la loi sur les chemins de fer, s'excuse d'être obligé de parler de choses sérieuses. « Je me vois obligé de parler d'affaires, dit-il ; je vous en supplie, ne vous impatientez pas trop. »

Le 24. — L'élection du républicain Mestreau est validée malgré de nombreux griefs.

Le républicain Destremx propose à la Chambre une loi ayant pour objet de permettre aux députés de *voyager gratuitement* sur les chemins de fer de l'Ouest ;

Les républicains, fatigués, se votent un mois de vacances.

Leurs travaux sont interrompus, mais leurs appointements vont toujours.

AVRIL

La Chambre est en vacances.

MAI

Le 3. — Attaques contre les catholiques. Discours Leblond. Un Savoyard proteste contre « l'intérêt odieux « des sacristies » et réclame « toutes les mesures nécessaires. »

Le 4. — Attaques contre les catholiques. — Discours de M. Gambetta. — Les républicains adoptent un ordre du jour dont le sens est : *les catholiques français sont les ennemis de la patrie : il faut les mettre hors la loi.*

Le 5. — Crise.

Le 7. — M. Talandier propose la rétribution des fonctions de maire et d'adjoint.

Le 8. — Grande scène de tumulte. — Les députés se menacent ; les insultes se croisent. Tout le monde s'injurie. — M. Jules Simon, s'adressant à M. Janvier de la Motte, dit : « Monsieur, vous m'insultez. » M. Janvier de la Motte répond : « Parfaitement. »

Le 16. — Crise ministérielle.

Le 18. — Prorogation.

JUIN

Le 16. — Crise.

Le 18. — Crise,

Le 19. — Crise.

Le 21. — La Chambre refuse de voter les quatre contributions directes.

Le 24. — Dissolution de la Chambre.

Dans cette longue série d'actes négatifs, le dernier, celui du 24 mai, est à coup sûr le seul utile et pratique. Et on sait que la Chambre n'y est pour rien..... au contraire.

NÉMY BAVEZAC DE MORAN.

(Supplément au *Journal de Lunéville*.)

Imprimerie de Lunéville. — G. GEORGE.

AUX ÉLECTEURS

DE L'ARRONDISSEMENT DE MEAUX

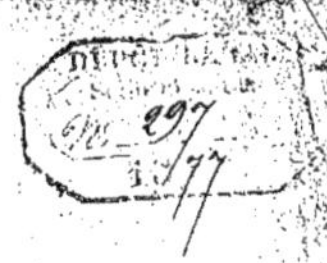

BIBLIOTHÈQUE NATIONALE — IMPRIMÉS

MES CHERS CONCITOYENS,

La Chambre des députés est dissoute : Vous savez de quels crimes se sont rendus coupables les 363 défenseurs de la République, qui sont restés fermement unis contre le gouvernement de combat, ressuscité au moment où tout le monde croyait qu'il ne cherchait qu'à se faire oublier ; vous avez entendu les réquisitoires de ses ministres contre la Chambre des députés : vous pouvez donc juger en connaissance de cause.

Les crimes de la Chambre qui ont provoqué sa dissolution sont au nombre de trois :

Le 4 mai, elle avait adopté un ordre du jour invitant le ministère à réprimer les menées ultramontaines, qui compromettaient la paix à l'intérieur et à l'extérieur ;

Puis elle avait admis la publicité des séances des Conseils municipaux ;

Enfin elle voulait enlever la connaissance des délits de presse à la police correctionnelle et la rendre au jury.

Voilà les trois crimes qui l'ont fait condamner à mort par le gouvernement du 16 mai, et, je vous l'avoue, j'en suis complice.

Ainsi, dès que cette Chambre des députés a essayé de supprimer quelques-unes de ces lois sous lesquelles nous étouffons, immédiatement le pouvoir exécutif, d'accord avec 150 voix sénatoriales plus ou moins hésitantes, contre 130, l'a dissoute.

Et puis, vous entendrez dire en même temps, par les partisans de l'ordre moral, par les agents du 16 mai : — « Cette Chambre n'a rien fait ! »

Lib 6366

Comme il serait facile de leur répondre : — « Eh ! comment eût-elle pu faire quelque chose, puisque dès qu'elle a essayé de faire quelque chose, on l'a renvoyée ! »

Mais cette accusation n'est même pas juste.

Malgré tous les obstacles dont elle était entourée, cette Chambre a fait des travaux importants et elle avait de nombreux projets de lois à l'étude.

Elle a apporté un contrôle rigoureux dans la discussion du budget.

Le budget de l'instruction publique était en 1875 de 36,686,868 francs : la Commission du budget de la Chambre des députés l'a porté, pour 1878, à 52,957,714 francs.

Quant au ministère des travaux publics, de 1860 à 1870, la dépense, pour travaux extraordinaires de routes, de ponts, de navigation intérieure et maritime était d'une moyenne annuelle de 51,418,000 francs. Pour 1878, la Commission du budget a inscrit le chiffre de 64,139,000 francs auxquels il faut ajouter 98,211,000 francs pour des travaux de chemins de fer, non comprises les sommes avancées par l'Etat à titre de garantie d'intérêts.

En même temps, la Commission du budget, avait préparé une réforme postale pour 1878 et la suppression de l'impôt sur les savons.

La Chambre des députés a été dissoute, enfin, au moment où, sur ma proposition elle venait de voter la nomination d'une commission chargée d'examiner les questions relatives au tarif général des douanes

Certes, moi qui voudrais changer rapidement la forme, le mode, la répartition de nos impôts, j'ai reproché à mes collègues leur timidité en cette matière ; mais, ont-ils le droit de leur adresser un pareil reproche, les légitimistes qui, après avoir promis, en 1814, l'abolition des droits réunis, ont fait la loi de 1816 sur les contributions indirectes ; les orléanistes qui, pendant le règne de Louis-Philippe, ne se sont jamais occupé des réformes fiscales qu'au profit des classes censitaires ; les bonapartistes enfin qui, pendant l'Empire, ont porté le capital nominal de la dette, de 5 milliards 416 millions en 1852 à 19 milliards 5 millions en 1870, et qui, en outre, ont légué à la France une charge de 9 milliards 287 millions résultant de la guerre !

C'est quand la France, depuis sept ans, s'acharne, à force de travail, d'activité, de patience à liquider une pareille situation, que l'on vient lui proposer de courir de nouvelles aventures !

C'est quand elle est encore toute sanglante et pantelante des souffrances que lui a fait endurer l'absolutisme impérial qu'on ose lui dire : — Abandonne-toi de nouveau aux incertitudes, aux hasards, aux caprices du pouvoir personnel !

Quand chacun ne demande que la sécurité pour faire ses affaires, plus de liberté politique pour contrôler le gouvernement, une plus grande liberté économique pour agir avec plus de facilité, des hommes poussés, les uns par des conceptions étranges, les autres par des ambitions sans scrupules, tous peu soucieux des nécessités de l'existence d'un peuple producteur comme le peuple français, viennent vous dire : — « Nous

voulons tout remettre en question ! Il y a toujours des dynasties qui attendent, il faut
songer à elles ! puis le Pape n'est pas content ! la République est contraire au *Syllabus !*
Tout est donc à recommencer, dût-il en résulter la guerre civile à l'intérieur et la
guerre à l'extérieur.

Voilà le langage que viendront vous tenir des candidats officiels, des gens qui
montrent leur confiance dans le suffrage universel, en se faisant élire d'abord au
ministère de l'intérieur et à la préfecture. Vous leur témoignerez votre confiance
en les laissant avec les voix de M. de Fourtou et de M. le Préfet. Ils verront bien
alors si, le jour du scrutin, ces voix réunies suffisent pour faire un député !

Mais demandez-leur à ces candidats multicolores quel est leur but ; demandez
leur quelles réformes ils veulent faire ; exigez qu'ils précisent, vous les embarras-
serez.

Quant à moi, mes chers concitoyens, je vous ai rendu compte de mes divers
travaux à la Chambre, vous savez que je n'ai pas varié, j'espère que je n'ai pas perdu
votre confiance.

Ce que je voulais le 20 février 1876, je le veux toujours :

LA PROSPÉRITÉ PAR LA SÉCURITÉ,
LA SÉCURITÉ PAR LA LIBERTÉ,
LA LIBERTÉ PAR LA RÉPUBLIQUE.

MENIER

L'un des 363 députés
qui ont voté l'ordre du jour de défiance contre le ministère de Broglie.

Usine de Noisiel-sur-Marne, le 4 juillet 1877.

*NOTA. — Je vous prie, de vouloir bien me donner connaissance de toutes les illéga-
lités qui pourraient être commises à votre préjudice. Je prendrai en main la défense de
vos intérêts, et comme, malgré tout, il y a encore en France des lois et des juges, je
chercherai à vous faire rendre la justice qui vous est due.*

Meaux — Imprimerie E. BOUCHER, rue du Tan, 35

[illegible]

Versailles, le 28 mai 1877.

Mes chers Concitoyens,

En vous envoyant le manifeste rédigé par les membres du bureau des Gauches de la Chambre des Députés, je veux vous dire combien il est utile, au milieu des épreuves que nous traversons, de conserver son sang-froid, sa patience et son énergie, pour les nouvelles luttes pacifiques auxquelles nous allons être conviés.

Déjà, au 20 février 1876, vous m'aviez dit : conservez la République, maintenez la paix avec les puissances étrangères, et améliorez nos institutions qui, comme tout ce qui est humain, sont toujours perfectibles.

J'ai la conviction d'avoir rempli mon mandat avec fidélité et conscience. Pendant la période électorale, si elle s'ouvre bientôt, vous me jugerez et je serai prêt à répondre à toutes les questions qui pourraient m'être posées.

Mes votes ont toujours été dictés, je l'affirme, par mon ardent amour pour ma patrie, d'autant plus tendrement aimée qu'elle avait été plus malheureuse et plus meurtrie. J'ai tâché de remplir les engagements contractés dans ma profession de foi de 1876.

Le renversement des Ministres auxquels la Chambre avait toujours accordé sa confiance, et le retour des hommes du 24 mai, qui avaient renversé l'illustre M. Thiers, doivent vous laisser sans inquiétude. Déjà les actes des nouveaux Ministres ressemblent aux actes du Gouvernement de combat contre lequel la France a si énergiquement protesté aux élections dernières. Malgré les préfets hostiles, malgré les maires hostiles, vous avez, au 20 février 1876, répondu victorieusement par votre vote à toutes ces menées. Vous avez déclaré, en déposant votre bulletin dans l'urne, que vous vouliez la République, qui respectera vos convictions, vous laissera indépendants et libres, et ne portera aucune atteinte au suffrage universel.

A quelque moment qu'on vous interroge, j'en suis certain, vous ferez la même réponse.

Conservez donc vos convictions, mes chers Concitoyens, et, comme l'a si bien dit notre vénéré président de la Chambre des Députés, M. Jules Grévy, « restez « dans la légalité ; restez-y avec sagesse, avec fermeté, avec confiance. »

Oui ! ayez confiance !

361 Députés et un grand nombre de Sénateurs vous y convient.

Prenons rendez-vous pour la grande lutte pacifique des élections, qui seront très-prochaines si le Sénat prononce la dissolution.

Croyez-moi toujours votre bien-dévoué député :

Albert **GARRIGAT.**

Versailles. — Imp. de E. Aubert.

www.ingramcontent.com/pod-product-compliance
Ingram Content Group UK Ltd.
Pitfield, Milton Keynes, MK11 3LW, UK
UKHW022300070726
13613UKWH00005B/2410